LYRIKEDITION 2000

begründet von Heinz Ludwig Arnold †

herausgegeben von Florian Voß

Martin Bieri, geboren 1977, lebt und arbeitet u.a. in Bern. Studium an der Universität Bern, Promotion zu zeitgenössischem Theater und Landschaftstheorie. Freier Autor, Dramaturg, Theaterwissenschaftler und Journalist. Diverse Stücke, wissenschaftliche Veröffentlichungen und Auszeichnungen. Mehrere Jahre Leitungsmitglied der freien Gruppe Schauplatz International (Bern/Berlin). Schreibt für verschiedene Zeitungen in Deutschland und der Schweiz über Kunst und Sport. Lyrikpublikationen in Anthologien, u.a. »Moderne Poesie in der Schweiz«.

Martin Bieri

Europa, Tektonik des Kapitals

Gedichte

LYRIK
EDITION
2000

Weitere Informationen über den Verlag und sein Programm unter:
www.allitera.de

Weitere Informationen über die Lyrikedition 2000 unter:
www.lyrikedition-2000.de

Das Buch wurde realisiert mit freundlicher Unterstützung von

Kultur
Stadt Bern

SWISSLOS
Kultur
Kanton Bern

Februar 2015
Allitera Verlag
Ein Verlag der Buch&media GmbH, München

Printed in Germany · ISBN 978-3-86906-723-0

»Wir hofften auf eine Zeit,
an die wir unser Herz verlieren.«

Fitzgerald & Rimini

MURMANSK / 2830

Die Rauchschwaden über Murmansk
kennst du nur von Videos in HD und
time laps, alle Farben polarer Nächte,
Fahnen aus Kohlenmonoxid und Staub.

Oder Reste der Essenwälder über dem
Ruhrgebiet, die Schleier aus den Schloten,
Zeichen von Inversion und Zerfall,
Signaturen eines Zeitalters.

Flammen und der Upstream, nachts
auf deinem Bildschirm, glitzernde Nebel
der Raffinerien, glühender Schnee: Zauber,

den du wirst wiedersehen wollen, wenn
nach dem Peak nichts mehr brennt,
vergeht und nicht mehr wiederkehrt.

Istanbul / 1837

Die Kontinente standen sich gegenüber
wie zum Duell, das Goldene Horn teilte
die Welt, in der du standst, und um das
alles die Nacht mit schwarzer Flagge.

Das sahst du vom Dach eines Hochhauses
aus, in dem du Geld aßest und drin
standest und schwammst; einer gab acht,
dass es drin blieb beim Öffnen der Tür.

Du sahst auf alles herab und sahst,
wie sich die leeren Stadien in den Hang
lehnten. Sie suchten den Berg.

Dort gruben ihre Leute wie in Minen nach
dem Wertvolleren. Tagebau im Flutlicht,
schmerztrunken, nur betrunken du.

Die Nordanatolische Verwerfung / 1836

Sie wissen, was kommt:

Leere Häuser,
wenn sie noch stehen,

schwarze Fenster,
Schutt in den Türen,

gebrochener Stein,
abgebrochene Leben.

Tarlabasi kommt.

Warum zeichnen sie noch
Karten der Unruhe?

Die Tektonik des Kapitals
wohnt doch in ihnen.

Europa / 1382 ff.

1

Naturschutz, Wildwuchs und die Schönheit der Spekulation.
Befall wäre auch so eine Metapher, Invasion und so weiter.
Aber es ist nur Architektur, sei beruhigt, Häuser für Ferien.

Ruhen sich aus: Die Alten, die Jungen. So viel war, so viel wird.
Tourismus, die letzte europäische Utopie vom guten Leben, denkst du,
und denkst auch, „wie gemalt“ wolltest auch nie mehr denken.

Mach trotzdem ein Foto. Hier vom Ziziphus Lotus, kommt aus Afrika,
was für ein Name. Aber nimm auch das nicht für etwas anderes.
Nichts ist symbolisch. Hier ist nur der Friede und das Mittelmeer.

Die Küste Andalusiens am Abend. Das ist doch das Erholsame hier:
Die kommen mit letzter Kraft und leerem Herz. Und wir sind im Bild
dieser Kontinentalkatastrophe einfach die Idioten im Hintergrund.

2

Das kam ein bisschen plötzlich, dieses Mandat. Polen, Warschau,
hier sollte jetzt also die Kommandobrücke sein zur Aufrechterhaltung
der Identität eines Innerhalb, eines flüchtigen Zusammenhaltens, hier.

Flüchtling wurde unter diesen Umständen ein Wort in fremder Sprache.
Die Folgen der guten Regierung unter FRONTEX: Libertas, Securitas,
Justitia. Nichtverstehen ist auch hier, denkst du, nicht eine Metapher.

Polen, gerade angekommen im Reich der Angst, die eigene Angst besiegt;
dann schreibt sich dieser Gast eine Ortsangabe auf die weiße Fahne:
Eine Grenze Land (grün), eine Wasser (blau), eine Luft (unsichtbar).

Insgesamt ein Auge, siehst du, wie es da flattert vor dem Glashaus hinter
dem Kulturpalast. Früher hing's am alten Stadion. Diese Kollokation zählte.
Das verlotterte Nationale. Bald ist es neugebaut. Das war ein guter Ort.

3

In Calais standen Hütten, Häuser, die bei Revillard aussahen
wie Bühnenbilder, Hintergründe, Kulissen ohne Menschen.
Die fehlten, der Blitz am Ast ging ins Leere des Dschungels.

So nannte er, Revillard, diese Fotos: Dschungel. Auch schön,
irgendwie, denkst du, Blitz auf Plastik in der Dämmerung, im
Trüben. Die Klandestinen sind nicht da, nur ihre Provisorien.

Humoristisch sich von diesem Parcours der Ausschließung
ein Bild machen, war nicht die Absicht. Ergriffenheit auch nicht.
Die Rationalität im Sucher: Ästhetik des Elends und Aufklärung.

Jetzt fehlen auch die Hütten. Aber die Figuranten sind noch da,
sie wohnen wieder in der Stadt. Da, das weißt du, sieht's aus
wie irgendwo sonst, nur atlantisch, kein Motiv für einen Preis.

4

Warschau findest du wieder in den Feldern bei Brüttelen, Ins, Kerzers. Ein Erzeugnis der ökonomischen Vernunft sind die Biographien in Europa, das trampelt und erntet, was wächst, auf fallenden Feldern.

Aber interessiert dich die Dialektik von Melioration und Zerstörung, der korrigierte Kontinent als Metapher politischer Ingenieurskunst, wenn du 15 Stunden fährst, um im Seeland Salat zu schneiden?

15 Stunden Fahrt für fünf Euro die Stunde, 55 Stunden die Woche. Das sind die Versprechen, die der freie Personenverkehr macht. Willst du sie nach dem Schweizer fragen, der in Warschau baut?

Er baut für die Kunst. Interessiert sie das? Frag sie das. Traum und Wirklichkeit, sagt man über ihn. Die Preise für Salate fallen auch. Kost und Logis werden jetzt verrechnet. Aufgerechnet, mit dem, was fehlt.

5

Salate und Revillard findest du wieder im Plastikmeer von Roquetas de Mar, das zu einer Ikone des dilemmatischen Denkens geworden ist, Effizienz und Destruktion vereint in fragmentarischer Schönheit.

Fragmentarisch, weil Plane an Plane folgt, Parzelle an Parzelle, weil ein terrassierter Berg aussieht wie eine Pyramide im Bau, im Abbau. Wieder Andalusien, Ausbeutung, Afrika, das zum Ästhetischen taugt.

Nämlich: Erinnert dich dieser Anblick nicht an ein Hochnebelfeld, das du, von unten wie von oben gesehen, so sehr mit Zuhause verbindest? Einmal als Bedrängnis, einmal als Utopie. Doch es sind nur Treibhäuser.

Versorgung und Verzweiflung des Kontinents wachsen dort, dort wird er kultiviert: Almeria, El Ejido, Roquetas de Mar. Jeder Zentimeter europäischer Erde ist Gefahr und Gewinn. Von außen und von innen.

Dublin / 1205

Ein Taxi fuhr dich an den Rand des Erdbodens,
durch Stapel, Tanks und Halden, die Containerwelt

des Abschieds. Das schwärzeste der Meere, schien dir,
lag da, in deinem Rücken die schwärzeste Stadt.

Nichts als ein großes Loch mit Füllung, schriebst du,
sei die Irische See, und du fuhrst nicht darüber weg,

sondern ließest dich fallen. Hell war alles um dich,
die Bars, die Shops, die Spielautomaten, denn hell

ist die Nacht auf See und die Nacht war es ja nur,
die dich in eine Kubatur aus Stahl warf und dir

Erinnerungen anklebte an einen unscharfen Strand,
die Abhänge an der Landsdowne Road, das dünne Geld

in Dublin. Dann kam der Diesel und bis Holyhead, wo du
wieder Land nahmst, das sich immer verdunkelnde Grün.

Land's End / 1028

Nicht einmal um eine Häuserecke
oder eine lange Straße hoch, nein,
nur auf dem Flur die paar Schritte
zum Fenster, das du gar nicht zu öffnen

brauchst, braut sich auf einmal und
mehr als einmal etwas zusammen mit
Salz und Wind, mit herben Steinen
und wieder Wind, Rauschen, Donner.

Ohne all das kannst du leben, aber
wie? Wie das Meer vergessen, wenn du
das Meer gesehen hast? Sturm und

Regression. Wo die Welt zu Ende ist, ist
nicht Sache der Karten: Ein Zimmer
davon haben, Wellenbäder, Felswände.

Birmingham / 910

Aston Villa Football Club, sagte jemand halblaut
auf dem Motorway über Birmingham, die Blicke

gingen dorthin. Dergleichen Attraktionen sind
selten auf den schlechten Wegen Europas,

den Transitrouten für Lowlifes, wie ein anderer
sagte, vorausgesetzt, die Victoria Coach Station

war keine Sehenswürdigkeit und auch nicht der
anbrechende Morgen am Kanal, nicht die Grenzen,

ihre noch immer stehenden Befestigungen und
nicht jeder, der darin hängen blieb, voll Zorn

und Scham und einer gelernten Lektion. Nicht
die paar Schritte in den Bauch der Fähren oder

an Deck, die kommenden Küsten und die immer
kleiner werdenden Länder, nicht ihre Außenposten

an den Autobahnen und die Städte ohne Ränder,
nicht ihre Lichter, Hunderte und Tausende, nicht

die Leben, die sie beleuchteten und beendeten und
nicht die Ampeln in allen Farben der freien Fahrt

Verharren, den Niedergang abwarten und verharren,
dachtest du, als die A 38 dich nach Nord oder Süd verlor.

Trnava / 776

Wien war das letzte Wort, das du kanntest,
danach ist dir keines geblieben,
nur Dauer, das Rauschen der Räder, Schläge
vom Wind durch die offenen Fenster, du

fuhrst ins fahle Verschweigen. Vergiss, wie
zuerst die Tür zufiel, dann fielst du
in den Sitz, der dich vorwärts schob
in einen Realismus ohne Magie.

Das war keine Geschichte, kein Gedicht,
die Zeit verstrich einfach mit den
Kilometern, Europa war älter und du
wurdest es auch, später, weiter.

Wien war das erste Wort, das du kanntest.

Warschauer Brücke / 754

Ströme an der Warschauer Brücke.
Die eiserne Weichsel fließt stumm.

In einem anderen Leben, schien dir,
fing hier der Osten an.

Des Windes wegen, und weil dich eine
Weite erfasste, wie dich jetzt die

Massen mitreißen und auf beiden Seiten
ins Glück der Untüchtigen träufeln.

Aus dieser Armee der Passanten hörst du
Schreie der jungen Lust und Sätze wie,

»ohne Sozialismus hätte diese Stadt
keine Skyline«. Die Kälte ist weg.

Ohne dieses Berlin hätte, was nach dem
Sozialismus kommt, keine Stadt.

Josetti / 752

Klinker oder Sichtbeton, vereinzelte Schlote,
Gitter, Böden, die wie die Erde sind, Felsen.

Was suchst du in den Fabriken? Farocki
sah den Kontrapost in den Kolonnen

kommender Arbeiter, du gehst zur, du
kommst von der Kunst. Weißer Rauch

und Kacheln, deine Individualindustrie
liegt am Boden, die Spolien

deiner Zeit, Kritios-Knabe, der Knick im
Schutt unter deinesgleichen.

Berlin / 750

Das schwarze Wasser des Landwehrkanals
stand und spiegelte nichts.

Auftragsromantiker im Dienst eures Landes,
ihm irgendwo wichtig zu sein,

das wart ihr. Von eurer Wut war nur noch Groll da,
ihr spracht über das Schreiben,

du brachtest deine Flasche einem Verwerter,
all die Namen ohne Gesichter,

als die Nachricht vom Sieg der Frontisten kam.
Geschichte und Verfasser, dachtest du

und wusstest nicht, zu welchem Runge wart ihr geschickt,
wohin die Gedanken und Gewehrkolben versenken,

zum Maler oder zum Mörder, wohin wiederkehren?

Columbia / 747

Von diesem Himmel schwärmen sie noch
Hunderte Kilometer südlich. Sie kommen aus
allen seinen Richtungen.

Die Tempelhofer Freiheit hält für etwas her.
Für das Heimweh und das graue Meer.
Der Wind reißt, die Weite reift.

Werft eure Leben in die Luft, seht sie fliegen,
prähistorisch floaten, von unter dem Grund
aus, wo ganz andere Schwärme ruhen.

Die Stadt der Wunden / 747

Nur ein Bild wird es davon geben,
schwarz und weiß und still,
ohne Lärm oder Angst oder Lachen.

Ein einziges Bild, aus Hunderten
zusammengesetzt und bestehend
aus Menschen mit Gewehr und Zukunft.

Sie reißen Steine aus den Straßen
ihrer Stadt, die sie verteidigen,
sie fügen ihr Wunden im Voraus zu.

Ein einziges Bild, das wiederkommt,
es heißt Gewalt und Gestaltung; dann
lautloses Licht über dem Carrer d'Arago,

das Licht des großen Abends, der
kein langer war, keinen Morgen hatte,
sondern eine Nacht wie noch keine.

Barcelona / 747

Wohin sich wenden in einer Stadt?
Du wendest dich an den Strand.
Nenn es zum Meer deinetwegen,
einerlei, Stadt als Staub.

Weiche aus, werde weit, such dir
den noch größeren Gegner aus.
Eine Ladung Land, Erosion, ein
Rinnen retten dich.

Diese Anlagen gesuchten Glücks,
wo vorher Abfall oder Arbeit war.
Was ist das mit den erfundenen
Ufern am Mittelmeer?

Assisi / 592

Drei Automaten für drei Gänge, eine Mikrowelle,
bye bye Mama und ein Monitor, auf dem nichts

anderes aufgeschlagen ist, als die vier Seiten
des Buches, in dem du selbst gerade stehst,

das verschwindende Wort einer Metaphysik
im menschenleeren Assisi. Anstatt Pax liest du

Fax und wunderst dich schon gar nicht mehr.
So schnell springst du hier von Zeile zu Zeile,

wenige Stufen, wenige Stunden, die Bilder
sagen alles. Texte dazu, zwei Euro Futter.

Umbrien / 573

Das Abendrot über den Rampen
am großen Sankt Bernhard,

Schnee auf der Autobahn,
die fünf Meter Licht um den Wagen,
dann Dunkelheit übers Menschenweh.

Du legst dich in Töne aus Braun, Grau
und Grün. Patt im Parlament,

das Elend des Zweikammersystems.
Winter im Süden. Trüffel,
Navi und Intuition.

Phantom City / 539

So manches Schicksal habe sich hier entschieden,
sagt der Schweizer bei Kaffee und Kuchen,

nachdem er Container und ein Kreuzfahrtschiff
fotografiert hat. Du suchst die Stadt,

findest sie später im Unterrang von Feyenoord und
dann noch einmal auf Papier: Phantom City.

Dazwischen europäische Architektenträume
vom besseren Leben ohne Arbeit.

Der donnernde Hafen in immer weiterer Ferne;
die Ruhe eines sich verlierenden Flusses.

Heroin / 539

Fern ist das, fern im Sinn vergangener Jahre,
Lücken haben sich zwischen alles gelegt.

Und weit war es. Du liefst zwischen Hochhäusern
und Glas und immer da traf dich der Wind,

kalt wie die Nacht, und wenige Nächte nur sind kälter
als die in Rotterdam. Eine Brücke führt von dort

zu den Trails of Afghan Heroin. Sie heißt wie der
Humanist. Das schien dir ein Schleier, Seiten

eines Buches, Bilder, die du nicht anschautest und viel
später suchen solltest, weil ein russisches Wort –

smuta – sich dir in den Weg stellt, und du vermutest, wo
der Rausch lagert, doch keine Zeile kennst du davon.

Herbst im Westen / 505

Ob diese Wolken noch
ein Gewitter geben oder
einen Nebel, nur Niesel,
verhangene Hoffnung.

Siehst du am Himmel das
V, und wer seufzt dazu?

Dann kommt der Gedanke
an ein Kinderbuch, was der
Größe dieser Geste nicht
ganz angemessen ist,

doch das zu begreifen,
was hier vor sich geht, gelingt
dir nicht deshalb nicht, weil du
einfach kein Kind mehr bist,

oder eins, das stirbt; und weißt
du's eigentlich nicht genau,
Bangen wird sein,
Herbst und Donner.

Senne / 489

Welchem Rätsel folgt dein Weg, wenn nicht
der Neuigkeit: Es gibt einen Fluss in der Stadt.

Du wüsstest nicht einmal, wo ihn suchen. Innen
irgendwo, wo Abschied war und auf Wiedersehen.

Dort produziert der Fortschritt das Obskure
als Entwurf und Plan, als Begradigung.

Der Wahnsinn will Ordnung und Unsterblichkeit,
später dann den Namen von Straßen, Büsten

und Geometrien, Geschichte im Voraus,
erstes Erinnern. Doch die Senne ist weg.

Das unterirdische Monument entfaltet seinen
übersinnlichen Schrecken in andern Bahnen.

Geheime Spur der Stadt, Schwarz des toten
und des vollen Lebens und dessen, was war

und was draußen ist. Du vergisst, wohin du willst.

Musées royaux / 489

Waren die Wände rot,
als er um die Ecke kam,
als du vorbeizogst und
zurückgehalten wurdest

oder durch einen Zufall
dich drehtest, um vielleicht
die Farbe der Wände
zu prüfen? Eine Frage, die

dir erst dort kam, wo rot
und schwarz oder Blut
und die hängende Haut,
die Hand ohne Hand,

plötzlich da standen, an
der Wand standen und
du sofort wusstest, was
gemeint war, als jemand

später, viel später, sagte:
Geister sind wir, waren
wir gestern. Von gestern
und von morgen, Marat.

Tervuren / 481

Verwaiste Welt der Tiere ohne Sprache.
Dieses warmherzige Reich der Kälte.

Warum gehst du nicht einfach
im Park spazieren?

Drin läuft dir der Schauder über den über
Aufgespießtes gebeugten Rücken.

Abgehalfterte Halbwahrheiten und da,
versteckt, die abgehackten Hände.

Herrenhaar und Sumpfgras aus den Ardennen.
Ach, gewildert wird in jedem Garten.

Selbst dort stehen schweigende Leopolden und
lassen im Schnee auf Leoparden schießen.

RHEINI HLEN / 474

Am fünf anten Mai Zweitausendundacht
kam die eldung: Rheindahlen gefallen;
werde fa n Zweitausendundsechzehn
und zwa dem Frieden zum Opfer.

Woand hin legen die Briten nun
den Rh . Amerikaner, Belgier,
Nieder der, auch Deutsche: sie gehen.

Wer a ert sich jetzt mit Eichen und
Zypre n, wer verbündet sich mit den
Toten r der Stadt? Shoulder to shoulder
with who serve. Gras wächst drüber.

Rau lanung und Dissuasion. So endet
der eg in sanften Ruinen
voll ere und Lieblichkeit: Landgewinn.

La Hulpe / 473

Etwas außerhalb Brüssels
läge, wenn es das gäbe,
Schloss Mühlenhof.

So sähe es aus, sähe es nicht
wie Schloss Cheverney aus,
hier läge es.

Bei La Hulpe, wo Solvay
an seinem Ruf baute
und niemanden vergaß.

Niemals vergessen wirst du
den lieblichen Sonntag,
die ligne claire,

fein und in den Farben
des Frühlings im März,
etwa als Hergé starb.

Marseille / 437

Das Lied, das sie hier fanden,
trug sie bis Paris.

Später standen in den Seitengassen
die Frauen im Dienst der Republik.

Du stelltest dich zu den Männern,
wie um ein Geheimnis gesammelt.

Algerien spielte gegen Mali,
um sich unter den Kolonien Afrikas

für den Kontinentalwettbewerb zu qualifizieren.
Das Schweigen auf dem Boulevard

des siegreichen Generals, die Melancholie
der auf die Stadt gerichteten Kanonen.

Père Lachaise / 435

Sechs Stunden dauerte der Film
oder so lange der Generator ging,

et les portes restaient fermées.
Keinem kam das nicht kurz vor.

Was weißt du noch von dieser Nacht?
Schnee fiel, warum ist das jetzt wieder so?

Nichts sei schöner an Paris als dieses
Paradies in Weiß, sagt jemand vor aus

Vorsicht verschlossenen Toren, auf der Seite
der Mauer, wo die Kugeln nicht einschlugen.

Paris / 435

Du aßest ein Schwein,
als davon die Rede war,
es sei doch ein guter Zug
des XIV. Ludwig gewesen,
den Kriegsversehrten ein
Hotel zu bauen, wo dann

schon am nächsten Tag
der erste Tote aus Mali
eintraf und dem Terroir
eine sozialdemokratische
Note gab. Ja, Wein floss.

Die Karte auf dem Tisch
vor dir breitete eine Stadt
im ewigen Rausch aus,
von dem nichts blieb als
Tourismus und ein paar
aufbewahrte Knochen.

St. Tropez / 414

Wahrscheinlich haben schon viele
über diesen Schleier geschrieben,
der sich nachmittags über die Wellen legt,
über die ganze weite Bucht.

Nur fällt dir keiner ein, wie dir überhaupt
nichts einfällt zu dieser Weichzeichnung,
während das Salz an den Bug flappt,
verwirbelt von Motoren, groß wie Tresore

der Zentralbank eines verlebten Kontinents.
Feingelber Dunst und Treibstoffe,
wer schrieb über den Goldstaub

von St. Tropez? Alchemie der Worte, und
wer schrieb nicht, dass hier einfach
die Stelle ist, wo der Schwefel austritt?

Sant'Elena / 412

Du saßt mit den Alten fast
im Wasser, hinter euch nur
noch Armee und Kirche
über einem Grab.

Ne servi ne padrone, stand
am Eingang der Toiletten und
die Stahlrohrtribüne stellte
einen Wald davor.

Die Bäume im Park der
Erinnerungen hatten euch
vor dem Regen und vor dem
Warten geschirmt.

Che bello è, sangen die Alten,
du sahst über ihre Häuser,
und die Ränge zitterten am
Rand des Verfalls.

E 35 / 399

Leitplanken, eine Böschung mit Bewuchs,
Meilensteine und Wegweiser, Messungen,
jemand skaliert dein Leben auf Abschied.

Denn bleiben will hier keiner, nicht bei
130 km/h Richtgeschwindigkeit und
einem Rand ohne Deckung und Bergen.

Doch schert einer aus, schwenkt nur einer
einem Gedanken nach, dann streicht dir
vielleicht noch eine Plane übers Gesicht,

und dein Kopf schlägt auf und legt sich hin,
selbst noch in Gedanken: Das also ist
mein unverhoffter Ort zur großen Reise.

Esterel / 396

Weil in irgendeinem Jahr im einst kommenden Jahrhundert
der 4. Juli auf einen Donnerstag fiel und an Donnerstagen

über der Bucht Pulver im Wert eines Militäretats verschossen
wurde, und zwar der Schönheit wegen und des Lebens,

donnerte an diesem Abend das Land der Freien und
die Heimat der Tapferen über Kilometer an die Küste.

Du sahst die Ketten von Menschen, die gedeckten Tische,
den Glanz im Meer und den Rauch darüber, the rockets' red glare,

the bombs bursting in air, dachtest ein paar Wochen voraus
in ein nun vergessenes Jahrhundert zurück, und last,

und es leuchtete dir ein, zwei Möglichkeiten habe der Mensch
unter Waffen: Krieg oder in den Himmel malen. Kunst also,

sagtest du und wusstest nicht, ist das die Nacht davor oder danach.

Cap / 375

Schiffe, das schwere,
träge Gesindel.

Die Brut treibt sich
genau so rum;

Meer ohne Neige,
Tag ohne Schatten,

Schatten ohne Schatten,
Sätze im Gedächtnis.

In Gefechtshitze
auf dem Sonnendeck

arbeiten die Glückskinder
an der vornehmen Blässe

ihrer Gedanken;
du schreibst Gedichte

in einem Metrum, das
keiner mehr praktiziert,

ach was, das keiner
je praktiziert hat.

An der Ausfallstraße ins
Paradies stehen die Huren.

Paris / 361

Nach einem starren Winter
legt sich nun dein Blick wieder
über die bewegte Landschaft.

Was im Sommer stumpf sein wird,
Stunden ohne Sinn, ist jetzt
ein frühes Versprechen.

Flaches Licht fällt darauf.
Du sitzt am Fenster, gebannt
von dieser Freiheit draußen.

Kein Ernst, es ist noch nicht die
große Tour, es ist der Frühling,
wenn auch erst in Nizza.

Parma / 326

Am nächsten Tag fuhrt ihr nach Hause.
Beim Bahnhof vorbei, an der Bar Europa,

wo sie standen, strandeten, vielleicht ihr
erster Hafen im Norden, was wusstest du.

Dann kamen die Alfas, die Männer
mit Gewehren und einer im Anzug.

Es war Sonntag, Werktag für ein Gewerbe
wie dieses. Am Straßenrand legtet ihr an,

die Automatischen im Anschlag, die Autostrada
wartete und was schlepptet ihr denn überhaupt,

außer ein vages Ziel, von dem sie nichts wussten.
Nur ein paar Minuten Beugehaft unweit der Heimat,

nur die paar Sätze, stockende kleine Räder in den
Armaturen, weiß auf schwarz, schwarz auf weiß.

Polcevera / 305

Wahrscheinlich wieder nur nachts
stellt sich das Gefühl von Fliegen ein,
wenn du mit 130 über eine Stadt,
über ihre Rücken und Flanken fährst,

rechts das Meer, links der Wunsch,
in seiner Nähe zu sein. Du eilst vom Hell
im Tunnel ins Dunkel draußen,
berauscht und getäuscht, du siehst

unter dir ein Gleisfeld, einen Fluss,
Fabriken, Pfeiler, Eisenbeton quert alles,
erfasst dich, reißt, dreht, du vergisst

und weißt erst lange nach der A 10, vielleicht
bei Nervi wieder: Europa, schön ohne-
gleich, Rückseite des steinernen Mondes.

Coleman Barracks Sandhofen / 298

Die Wolken und ihre terrestrischen Schwestern; sie liegen
im freien Feld, ein Luftzug aus Licht, Farbböen.

Im freien Feld, was das alles heißt. An Böschungen, Begleit-
und Restflächen, auf Sand und Schotter, Randlagen,

als der Abend der Wiesen. Überhaupt die Sonne. Was ist so rot
wie der Mohn, wenn nicht die Sonne im Zustand des Auf-

und Untergehens und der Mond bei Verdunkelung. Glut im Gras,
Rausch eines Krieges, den man um eine Blume führen kann.

VERDUN / 290

Lautloses Gefälle im wärmenden Land.
Was da war.

Unschuld unbekannter Herkunft
kreuzt das stille Licht,

das Totenschwarz,
das Totenweiß.

Einsilbiger Schiedsspruch:
Hier bin ich. Hier bin ich nicht.

Dieser unbetretbare Tod.

Pont de la Feuillée / 240

Die hohen Häuser der Weber,
die Wolkenkratzer bei der Arbeit,
ein Bauer holt Luft.

Du stelltest dich mitten in die Straße
um das zu sehen. Jetzt stehst du
zwischen den Städten

und glaubst für einen vorübergehenden
Augenblick in der Sonne an das
industrielle Glück Garniers:

Ein leerer Parkplatz, Platanen, Sand, Beton,
Stade et Palais des Sports, rote Erde, Ocker.
Das war in Gerland.

Hier legt sich Gold über die Gründerzeit und
ihre weißen Fassaden, die alle wissen:
Frühling, nichts ist real.

Doch woher bringt die Saône den Gedanken
an ein besseres Leben, den sie mit der Milde
des ersten Atems in den Norden trägt?

Macao / 213

Das sah aus wie ein richtiges Anarchistinnenleben
zwischen Genf und Mailand, und

Genua hattest du dir auch einmal in deine Biographie gewünscht.
Jetzt saßt ihr im Portikus der alten Börse,

Regen ging nieder, die Oberlichter im Saal waren geborsten;
wer sind wir, sagtet ihr,

denn ihr versuchtet, ein Geschäft zu machen in einer Ökonomie,
die in drei Sprachen nicht existierte,

niemand wisse, was mit all dem anfangen, sagtest du,
und sie sagte, wer ist niemand

und sie habe auch einmal im Hebbel getanzt, doch da
glaubtest du schon nicht mehr an diesen Handel.

Suvretta / 189

Ein Schatten türmt sich vor dir, gestreckt und gezogen
von 400 Mann, um einen Eindruck zu machen

wie im Agentenfilm, was am Entree liegt, das mindestens
eine Bombe aushält; Burg im Eis, Wall um nichts.

Die paar Schritte von der Bushaltestelle her, vom See her,
den eine schwarze Platte bedeckte und unendlicher Schnee.

Marathon ist das richtige Bild für diesen Weg aus Asphaltbahnen.
Dazwischen vertikale Wüsten und Schollen weißer Luft.

Nie wirst du hier lebend rauskommen, diese Langeweile atmend
unter den Lärchen und Arven und den tötenden Sonnen im Engadin.

Sceres / 134

Kirschen hieß das, es hat keine mehr.
Unter dir liegt Tenero in der frühen Sonne,
unerreichbar, außer über einen Berg.

Stein birgt dich vor ihm, dem Berg,
an dem du hängst, du mit drei Häusern,
einer Hälfte Not, einer Hälfte Eskapismus.

Käme er jetzt oder käme er nachts,
würde er zu deinem Haus aus Stein,
das sich nicht unterschiede von dem hier.

Tenero läge noch immer dort unten,
nur würde dich kein Freischneider
wecken im Kampf gegen die Vegetation,

den harmlosesten unter den vielen Feinden hier.
Kampf morgens am Hang, vergleichbar nur der
Mühe mit einem Glas Konfitüre, das nicht aufgehen will.

Le Lignon / 132

Während den Raunächten
verschlug es dich an den
Rand der Stadt, zur Rhone,
zu Corbusier, zu den Türmen.

Tagsüber schon die Düsternis
eines Gratzugs, der selbst
Fels geworden ist, Abhang
über dem Abhang, du starrst,

erstarrst vor dem steinernen Heer,
der Eleganz dieses Sturms.

Schweiz / 130 ff.

1 Genf

Enigma sei Bulgari, Loro Piana verkaufe hier nur Kaschmir,
Exane und Global Hedge stehen da, Lynx und Luxury Int.
Danubia sei im Irak, westlich kommt die Arve zur Rhone.

Das alles sagt dir nichts. Die Kamera an der Tür sieht dich.
Du fotografierst sie mit einem Mobilen, das diesem Haus
innen und außen ähnlich sieht: Schwarz, Metall, Glas.

Goodwill Invest, Cogex Trading, Geld und Geschiebe. Weiß
ist die Arve, die Rhone blau. Putin habe nichts damit zu tun.
Gunvor, führe deinen Kampf mit Vorsicht, misch dich unter

deinesgleichen, geh auf im Geheimnis der ewigen Flüsse
aus dem Innern der Erde. Wie sie eine Wolke bilden, wo
sie sich finden, wie sie in einem stillen Wirbel münden.

2 Neu-Oerlikon

Erinnerst du dich an den Schrecken in den Augen
eines Nachrichtensprechers irgendwann 1988 kurz
nach halb acht? Und an die Sehnsucht nach Größe,

die aus den Worten sprach, Asea und Brown Boveri
sind eins? Die Konstruktion eines Wirtschaftsraums,
eines hinfälligen Reichs vielleicht, war damals eine

Meldung, von der du wusstest, und nicht wusstest,
was davon zu halten sei. Etwas verschwand, schien
es, etwas würde fehlen, dachtest du, ohne dich nun

zu erinnern was. Dabei war es nicht mehr als eine Ver-
schiebung, wie sich jetzt zeigt. Ein paar Meter für Stolz,
Trotz und Besitz. Backsteine, in denen du nicht wohnst.

3 Genf

Vitol wohnt in terra- bis blassbraunem Stahl mit verspiegeltem Glas.
Wenn Erdöl in Wasser austritt, gibt es diese Farbe. Im Parterre die
Disco La Bomba Latina und ein Espace Bronzage. Ach, der Süden.

Der Norden besiegelte hier am Boulevard du Pont d'Arve das Ende
des Reichs des Königs der Könige. Eine Tür weiter Exersuisse, das
gesunde Krafttraining. Oberflächen, denkst du, neutrale Oberflächen.

Eine Million Barrel Öl im Auftrag Englands nach Singapur, dann nach
Hawaii. Gewehre für die Gegner des Königs, Vitol an vorderster Front für
das Gleichgewicht der Gelegenheiten. Geld liegt nicht auf der Straße

to peace. Sonst könnte jeder sich in Präsident Wilsons Schoß legen;
am Ufer, wo Hannibal geschlagen wurde, als er über die Alpen kam. Ach,
Flüsse aus den Bergen, bitte bringt nichts, nicht diese Farben der Erde.

4 Chéserex

Geschorener Rasen und ein gescheiteres Gewissen:
Einen Ball dreihundert Yards weit zu transportieren
ist auch Arbeit, denkst du, an deinem freien Tag.

Was hier wieder zusammenkommt, das muss man
glätten, glätten wie die Landschaft zum Garten, die
Gegend zur Umgebung dieser Unverschämtheit, dass

die anderen arbeiten. Hier wohnst also du, Adecco,
auf einem Schloss im Waadtland, spielst Golf um
die Zisterzienser de bonomonte und teilst mit ihnen

einen Glauben, einen Gedanken: das zweckfreie Leben.
Freiheit und Reichtum in Chéserex. Milliardenschwere
Mittellosigkeit gegen das Nichtstun, den ewigen Sonntag.

5 Basel

Warum schreibt Jenny Holzer forgive your enemies an dieses Haus,
größer als ein Mensch, glaubst du. Du stehst draußen, bleibst
stehen, weil es sich sonst nicht lesen lässt, and make them weaker.

Zum Stehen gekommen wärest du auch ohne dies. Hier ist kein
Eingang für einen wie dich, der nichts beiträgt zum Gelingen,
zum Geheimnis der verbotenen Stadt, wenn du nichts kannst,

außer sehen: Außen Sackgassen und tote Winkel, Störfälle des
Öffentlichen. Innen Plan und Ideal. Gibt es das, denkst du, wo du da
stehst, wo Novartis wohnt, falsche Freunde? Oder sind das einfach

Feinde? Die New York Times erinnert sich an Mussolini und E42, an
Henry Fords Metropolis in Muscle Shoals. Wessen Reich soll kommen?
Welche Entscheidung steht an, außer die: Wissen statt Straßen zu teilen?

6 Baar

Ketten, Kettchen, ohne die kein verfallendes Schloss
sein kann, kein Schlösschen. Pylonen aus Konglomerat
und Kettchen, das ist keine Romantik, das sind einfach

die Grenzverläufe der Provinzen des Eigentums, zu finden
vor jeder billigen Villa an den Vorzugslagen in dieser Ödnis,
der ästhetischen Brache bei Baar, Herz der Schweiz.

Wüste ist Wüste, wo du bist, Glencore, ist Wiese, ist nichts.
Nicht mehr Dorf, die letzten Kirschen, noch nicht Kolonie.
Südwest liegt dein Territorium der Grausamkeit, in Namibia

zum Beispiel, auch nach nichts benannt. Demarkationen
von Aneignung und Eigentum. Und dann noch dieser Jammer:
das Wasserspiel aus Zierstein, Dekoration der Delinquenz.

7 Zug

Xstrata wohnt bei Post, Parlament und Kantonalbank.
Wo sich das Land zum Wasser hin neigt, wo du,
wenn Föhn ist, etwas hörst und siehst von weiter weg.

Hier kann es auch anders kommen, selbst hier kann es das.
Manchmal ist das Wasser schwarz, der See hebt sich,
später wird die Sonne im Untertag versinken: ein Versteck,

bis du den Boden unter den Füssen verlierst. Elf waren
weniger: Spillmann Alois, Zwimpfer Michael, Sigl Hermann,
Huber Eberhard, Caroline und Josef, Kleinmann Anna geb.

Meier, Keller Simon, Brandenberger Josef, Peter Sofie geb.
Künzli, Rukstuhl Anna geb. Schäfer, gest. durch Verschwinden
von der Oberfläche, es war, als würde eine Mine einstürzen.

8 Basel

Das Rheinufer von St. Alban aus:
Architektur, die dich schaudern lässt.
Schau, so sieht Medizin im Stadium

ihres Entstehens aus, schön und still.
Das sei Können statt Wissen, spotten
die Geschichtsbücher. Du denkst, mit

Recht. Chemie und Fabrik, Schärfe
und Stand; Salvisberg und Rohn,
Jahrzehnte des stillen Gelingens.

Dich erinnern diese Fronten daran,
wie Weiß Trost und Tod heißt, wie
ein Fluss dich wegwaschen wird.

9 Vevey

Fein fallendes Licht eines leichten Tages im Mai.
Wenig Wind überm See, Gehen wie ein eiserner Flug.
Helles in Grau und Grün. Gras, Aluminium, Glas.

Schwebender Beton, Tonalitäten der Moderne. Du
streichst den Schwingen dieses Hauses entlang und
fürchtest dich nicht. Tschumi hat kein Nest, er hat einen

zweiten Himmel gebaut. Von dort aus würdest du ein
Zeichen sehen, Schrift, ein stilles Signal, gerichtet an
niemanden. In der eigenen Größe verschwinden, das

ist die Eleganz des Welternährers. Südwestlich weht
auf dem Dach, schön wie eine silberne Tragfläche,
die Fahne des Landes, das hier wohnt und schweigt.

10 Zürich

Stadtauswärts im rechten Augenwinkel
der Sieben hängen die fünf

abgeschlagenen Köpfe der Verbündeten.
Schlüters Hof in der Bahnhofstraße.

Industrie, Landwirtschaft, Wissenschaft,
Handel und Wehrwesen, alle blind.

Drei Straßen weiter zwei Fuhrleute, ein
Balkenträger, ein Mann mit Lore.

Kunst und Arbeit, Aufzählung und
Apotropaion, keine Banken ohne Säulen.

Vorbahnhof / 93

Als die Bundesbahnen dem Land
anhand eines verwaisten Fahrplans

eine neue Topographie gaben, als
etwas weggerissen wurde durch

Linien, Leitungen und Fluchten,
Dilatationen des Elektrischen,

verankerte Vogt seine Moderne
entlang des Eisenbahnnetzes

mit Findlingen aus Zement,
mit Festungen des Lokalen,

Fixpunkten eines nostalgischen
Koordinatensystems, gesetzt

durch Platten und Schlitze,
durch Schotten und Sichtbeton.

Zeichen einer Eiszeit am Reißbrett,
und des Erscheinens von Menschen.

Beznau / 90

Wo sich dieses altmodische Malerische
immer wieder vor die Landschaft hängt.
Das Raue und das Zerklüftete auf einer
künstlichen Insel bei Döttingen. Nicht das,
was Gilpin mit »Schönheit« meinte, und doch

seltsam, wie der stille Fluss an dieser Stelle
zum Wildwasser wird, wenn auch nicht jetzt.
Jetzt siehst du nur den Schattenhang, die
schwarzen Betonplatten, die Schlucht durch
dunklen Wald, den Weg auf eigene Gefahr.

Als wäre es Natur. Als wäre es die Natur,
die hier einen Untergang vorbereitet. Du
erinnerst dich an das Flimmern auf dem
Filmpapier, an das Krächzen der Zähler.
Diese Ästhetik kommt von den Maschinen.

Die Farben: Verbunkerte Tanks in Pastell.
Wo die Bäume ihr Grün doch eimerweise
ins Wasser gießen. Du denkst an Glas aus
fluoreszierendem Uranoxid bei diesem
Betonnippes, an alte Kunst von morgen.

Laufenburg / 82

Wie manchmal die heiße Luft über all dem steht
oder wie der Wind durch die Zweige geht oder der

Nebel, der dünne Schnee, das Sirren der Wiesen.
Wenn das hier ein Stern ist, dann schimmert er nur

auf den Karten in den Kontrollräumen, den Schirmen
in der Mitte eines kontinentalen Systems. Im Feld nichts

als Architektur aus Fäden, Gestängen und Veränderung.
Hin und her in Fluchten und Gängen, die keiner betritt.

Da, wo dein Land aussieht, als gehe ihm das Land aus,
hängt dein Leben an jenem von Millionen anderen und

380 Kilovolt in Stahlgittern. Nichts wird dich hier töten.
Verlier dich, werde ein Feld, lenk dich nach 50 Hertz.

A 9 / 71

Wer steckte hier nicht fest.
Engorgement effroyable
auf dem Weg in den Süden,
London, Paris, Mailand, Rom.

Eine Straße für Großes,
pour passer les canons. Chillon,
Gurgel des losen Kontinents.

Spirit of a Chainless Mind,
im Jahr ohne Sommer. Ketten,
wem du Ketten gibst. Neun-
zehnhundertfünfundsechzig

ein Wurf. Als die Geschichte
sich längst nicht mehr sträubte.
Winde dich, Friede. Eile vorbei.

Acheregg / 68

Auf alten Bildern sehen Autobahnen schön aus.
Fein und schön, Bleistift auf Landschaft;

z.B. der Durchstich Acheregg Stansstad,
eine Linie aus Liebe zur Geometrie,

oder, wie von Hand, die Rohplanie auf einem
Feld bei Horw, wo alles seinen Anfang nahm.

A 1 und A 2, mitten im Nachkriegsherz
eines kleinen, vorwärts zweifelnden Landes.

Hier legten die Planer ein Kreuz über die Schweiz.
Es war niemandem Last, sondern Versprechen,

Fotographie und Fiktion. Straßen wie Hiebe
in die Topographie einer nationalen Selbstskepsis

aus Berg, See und Tal: der Territorialkörper. Vielleicht
weil sie so leer waren, sahen sie so schön aus.

Erst viel später kamen, irgendwann: Farbe,
Mühsal, Zweifel erneut.

Gösgen, Leibstadt / 60, 90

Vielleicht wird nichts jemals wieder
dich mit einer solchen Wucht treffen,
scheinbar, schwebend und still, wie
das Auftauchen der Atomkraft im
Fenster eines fahrenden Zuges,

oder von der Hauptstraße sieben aus,
damals noch als Kind, als dir die Grenze
noch als Grenze erschien und du nichts
wusstest von den andern Orten mit den
nur langsam abklingenden Namen.

Denkmalschutz für diese Erinnerung.
Unrettbar ist das Versprechen im Innern
des Reaktors. Das lautlose Lodern des
glühenden Wassers, das flüssige Feuer.
Die blaue Blume der Moderne, hieß es.

Tscherenkows Strahlung, stille Sehnsucht
ganzer Länder. Ihr Leben und ihr Sterben
in einem Monument zu verewigen, von
dem du nicht einmal mehr weißt, an welche
Zukunft es erinnert; daher der Schreck.

Olten / 56

Felsen in Olten, einmal werde ich
euren dunklen Ursprung offenbaren.
Euch Rimbaud lesen, das Industrielle
überwältigend dort, wo es euch überwältigt.
Dort steht es geschrieben EAO, Vokale.
Alle schwarz.
Dann werden wir wieder wissen, was das
Neue ist an den späten Landschaften.

Ledi / 53

Einmal stiegst du ja auch auf. Stiegst in diese Horizontale,
gebaut nach den Regeln für den, der in den Bergen baut.

Stiegst auf, stiegst ein in einen halsbrecherisch leeren Raum,
vielleicht einen der schönsten, die Neutra geschaffen hat, und

als du es geschafft hattest – trotz der Einsamkeit hier oben
fürchtetest du die Nachbarn, die Hunde, die Alarmanlage –

saß du da, auf dem Deck, dir zu Füssen die Tiefe, vis-à-vis
Gipfel um Gipfel, Bild um Bild. Das war lange vor Vennemann.

Als du den gelesen hattest, war Noir auf einmal das Donnern
ohne Anlass nachts, die Attraktion des Abgrunds auch nachts.

Hinter dieser Leinwand sahst du, wie er hinter dem Film mit
allen Häusern Neutras in L. A., die Leichen im Tal, den Tod.

»Die panoramische Schönheit des gesamten Jungfraumassivs
in allen erstaunlichen Wetter- und Beleuchtungsveränderungen,

voll von faszinierender Dynamik«, als sei es ein Gemälde gewesen,
ein Streifen, »verlangt nach einer vacuum isolierten Doppelverglasung.«

Du stiegst wieder ab. Mit dir alle im freien Fall, die Gefallenen. Die
Kunst, das zu sehen, schriebst du, heißt Biorealismus, immer noch.

Rivendell / 52

Mit den Webcams drehst du dich vor dieser Mauer,
die morgens noch aussah wie angefacht, wie
in Flammen von Schnee.

Später kamen die Jets und warfen Flares. Zur Probe
setzten sie die Welt in Brand, und ihr Donnern glich
dem der Lawinen in der Nacht.

Da lief längst Tolkien im Programm, Materialschlachten
der Unverwundbarkeit, das letzte Refugium der Krieger
und Künstler unter den Sternen.

Halbwelten, war dein letztes Wort, dann Vertrauen in die
Verbauungen an den gleißenden Hängen: linierte Blätter
mit Spuren, die Schrift vom Tier.

Die Alpen / 52 ff.

1

Eher gähnend als ergriffen stand er da,
denkst du, liest du, auch gelangweilt, sein Gedicht.
Was war mit diesem Tourismusextrem hier?

Der pauschalkulturreisende Goethe und
bei ihm ein Lakai oder ein Londoner
auf der Grand Tour. Sie begaffen ratlos
die Pisse Vache im Lauterbrunnental.

Sehen sie, wie die andern Lebensmüden
sich vom Felsen stürzen? Eine Attraktion,
weil ein Fallschirm sich nicht öffnet wie ein Vers.

Sie fliegen im Wasser und treiben im Wind,
nicht einmal eine Metapher, nur Werbung,
bevor die Wand sie kriegt. Wessen letzter Blick
streift das auch nicht an Ewigkeit interessierte Eis?

Und jetzt empfiehlst du deine Erinnerung Leuten,
die für das Alpenglühen kommen, das du selber
nicht kennst, nur dieses Rosa auf Altschnee.

2

Strapazen zu ästhetisieren war schon immer so eine Sache.
Aber Airolo, die A 2. Hundert, hundertzehn Stundenkilometer, nachts.

Galerien schneiden schwarzweiße Frames. Durchs offene Fenster
rattert der Projektor im Wechsel der Stützen aus Beton und Stahl.

Lichter und Streifen, Lichtstreifen und Nebel.

Die Physiologie der Alpenquerung mit Kunstanspruch: Dichter,
Schwärmer, Maler und la mal de tête. Das große Gefühl

der Überschreitung mündet in Ermüdung, Schlafsucht, Schwindel,
Angst; die Krankheit der Berge.

Schrundmonotonie der Leventina.

Hier erfriert man leicht, du zum Beispiel. Einschlafen am Steuer,
Tod beim Betrachten der alpinen Eintönigkeit, allein.

Bester Freund, schrieb Wilhelm Heinse vom Gotthard,
der Gotthard ist ein Gebeinhaus der Natur.

Du sehnst dich doch in den Straßengraben.

3

Verbaute Berge: Für wen sind das keine Landschaftsbilder?
Asphalttektonik, Betongeologie, architektonische Attacken
über der Baumgrenze.

Kampfzone für Arven, Fichten, Lärchen und Straßen, Masten,
Staumauern, Stahlschneebrücken. Abstraktionen des Existierens
unter erschwerten Bedingungen.

Dein Land sieht an den abschüssigsten Stellen so entschlossen aus
wie nirgends sonst. Und unten dasselbe noch einmal invers, innen:
die Transversalen, die Tunnel, die Bunker.

Meliorierte Zerstörung, nüchterne Triumphe, Wahnsinn.
Infrastruktur und Illusionen halten das Kontinentalgewölbe.
Hier faltet das Helvetikum sich auf.

Im Flachland liegt nur die Wehmut der Baulandreserven.

4

Palace, Grandeur der Rezeptionisten.
Dienstboten richten ein Kissen mit Blick
auf die Gipfel ewigen Schnees von gestern.

Der Jetset sehnt sich nach Vals und ins Empire.

Drei Tage Aristokratie, drei Tage Schleier.
Fremde Herren im eigenen Land,
lasst Berge am Balkon paradieren.

5

Was schreckt dich noch im Hinblick auf die Alpen?
Du erinnerst dich an Gemälde, an ein Gedicht
und an die Meldung im Autoradio:
alle Pässe offen und befahrbar, aper.

Waren es die Türme, Klüfte, Schuttkaskaden,
dieses weißweiße Zerwürfnis dort oben,
das dich irgendwo mal ein bisschen
hat erzittern lassen?

Das Erhabene findest du noch in einer Tiefgarage,
in einem Parkhaus in Saas Fee, für 900 Wagen
mit Winterreifen. Das ist ein Rahmen für, ach,
ozeanische Kunst im Kabinett.

Mattstetten Rothrist / 52 ff.

1

Eine Böschung, ein Bord, nördlich Steinkörbe, Kalke,
südlich Ruderalgewächse, wenn sie geduldet,
dann Unken und andere Unglücksbringer, -raben,
Fauna, Flora, Kampf am Mulchstreifen, am Schotterband.

Abholzen, entbuschen, die Eschen und den Ahorn,
Brombeeren, den problematischen japanischen
Staudenknöterich, gegen den kein Schlegeln hilft, kein
Kraut ist gegen dieses Kraut gewachsen, nur Kampf.

So hängt sich dein Blick an einen schwindenden Busch, an
eine vorbeifliegende Fläche mit nichts drauf. Nichts,
außer all dem, denkst du, viel weiter schon, das ist

das Freiheitspotenzial von Bahnbegleitflächen.
Die Brache, dieser kleine Fleck Planung, erreicht die
große nationale Sinnlosigkeit eines Bergs.

2

Wenige Meter sind eine Transitdistanz, wenn du
zwischen Autobahn und Neubaustrecke deinen Weg
gehst in die Klemme. In den Lärm, mitten in die Hatz.
Zwei Zäune. Du vereinsamst im Verkehrskorridor.

Platzbedarf, Landraub und Nationalinteresse.
In den Reststreifen selbstbestimmter Wiesen wirbt ein
Schild für integrierte Produktion in der Schweizer
Landwirtschaft. Verbotene Orte sehen so aus.

Das ist ein zivilmilitärisches Sperrgebiet mit
Wanderweg. Fährt ein Zug vorbei, spürst du, denkst du, die
Anwesenheit von Hunderten, diesen Volkskörper

in Bewegung. Für Sekunden bist du nicht allein.
Nähe, Eile und Zärtlichkeit in Stahl und Beton.
Jeder Sinn empfängt Befehl: Geh mit, zieh dich zurück.

Gwatt / 28

Den Wald stelltest du dir vor wie einen matten Block,
flach, versehrt und finster. Hinein wolltest du doch.

Der See schien seicht, die Bänke am Ufer schwankten,
deine frühen Sehnsüchte schwiegen nicht mehr.

Dumm lag die Wiese da, Großzelte aus Beton umgaben sie,
wer sich bewegen konnte, bewegte sich in keine Richtung.

Aktivierung hieß das in der Sprache der Therapeuten,
Leben nanntest du es. Dann fuhr ein junger Mann

von nicht viel mehr Jahren als du damals ins Wasser.
Vom Steg einen Meter vorwärts, dann viele hinunter.

So erfolglos romantisch war, was nachher kam, nie mehr.

Seeland / 27

Vom Vully aus blickst du auf Straßen,
Alleen, Quadrate, Plan und Strich und
eine Weite, die wie das Meer aussieht.

Ein Kanal und Kanäle: das ozeanische
Netz mit Wind in den Wipfeln über der
abgetrockneten Landwirtschaftszone.

Im Innersten der Erinnerung: Zeichnungen,
die vergebliche Archäologie der Zukunft.
Hätte die Friedensstadt dem hier geglichen,

dem an der Schnur gezogenen Ideal des
Ruralen. World Center of Communication,
verstummte Landschaftsruine anderswo.

Das Gericht / 24

Google Street View zeigt eine Linde
an der Gabelung des Weges, die du
noch nie gesehen hast,

nicht die Linde, nicht den Weg, mit
200 km/h fährst du an diesem Feld
bei Koppigen vorbei.

Sanfte Einsamkeit, manchmal Berge,
Nebel, Regen, Waldrand mit Hunden,
mit Einzelmenschen.

Wie willst du diese öde Schönheit
von hier aus beschreiben, diesen
Ort ohne Betreten.

Mühleberg / 14

Hier unten sammeln sich die Texte.
Sagen von wie es war und von wie
es wird. Von großer Arbeit und von
großem Schlaf. Das alles liegt in
dieser Delle wie Staub, wie Grün.

Nur dir fällt keiner ein. Du schleichst.
Kraft in dein Werk, Wucht von Fluten
und Beben. Alle Wege sind hier lang.
Du warst noch nie schnell da und weg
auch nicht. Staunen und stammeln.

»Von großer Arbeit«, schrieb von Tavel,
»1917 bis 1920, zur Zeit des Krieges
und wirtschaftlicher Not. Denkmal
der Tatkraft und Pflichttreue der Männer,
der leitenden und der Arbeiter.« Und du?

Was bist du in dieser Falle, in der du sitzt
und mit dir deine Stadt? Träge Nähe ohne
Worte. Wird man dir auch einmal einen
Artikel geben vor deinen Beruf, wenn alles
aus sein wird, bei Westwind, bei Stilllegung?

Agglomeration / 5

Zweimal zwei Stunden täglich ist alles in Bewegung.
Die ganze Ordnung der Ruhe, die den Tag zur Nacht
verdreht, das in die Vororte verteilte Glück im Stillen.

Verdreht, weil die doch planetarisch bedingte Scheide
durch diese Bewegung soziologisch sich wendet zu
einem Saldo von Pendlern tags und Pendlern nachts,

von Bewohnern nachts und Abwesenden tags. Schlaf
heißen die Gärten zwischen den Gebäuden, Schlaf
auch die Weite der Straßen, Schlaf ihr Rauschen.

Dann legt es sich wieder.

Als hätte sich etwas getürmt, als ginge es um Geologie.
Mit Platten, denkst du, könnte man das beschreiben, mit
Stadt und Dorf, die Kontinente sind und sich hier treffen,

und noch zum Dorf würde das hier gehören und zur Stadt
die Menschen, und ihre Fahrten glichen Fäden, Nähten, die
alles binden, müsstest du ein Bild, wolltest du eins haben:

Gewiefelte Gegend. Die Schläferin dreht sich weg, ein Land
mit eigener Tracht, Tag und Nacht zweimal zehn Stunden täglich.

Neubrück / 3

Nur zwei, vielleicht drei Sekunden beschleunigen
in einer Gegensteigung, rechts und links Wald,
bis zu den Wipfeln gefroren, Raureif und Restschnee,
ganz kurz siehst du das Draußen nicht nur, du
spürst es, die Salzverwehungen, den Wind. Nichts
dagegen von der nahen Stadt,
                                                                die du in zwei
vielleicht drei Minuten erreichst, wenn, wenn nichts
dazwischen kommt. Verschwunden an einem
stillen Nachmittag zwischen den Jahren. Oder fährt
der einfach eng auf Fahrplan? Und nicht, als wäre
ihm in diesen Baumfeldern etwas auf den Fersen.

Allmend / 2

Die Tragik der Allmende an einem sonnigen Nachmittag im März.
Flaches Licht, das Stadion. Sind es zwei, dreihundert Schritt
gesparte Freiheit bis zur Autobahn dort?

Etwas kehrt in dich zurück. Die Jahreszeiten und die Jahrhunderte.
Was bedeutet dir all das, das du teilst und nimmst und gibst,
wo du verschwindest, vor Weite, vor Wärme?

Glaub nicht an Theorie, glaub an eine andere und an den nächsten Sieg.
Gras wächst über Unrecht und Kampf. Über diesen nächsten auch.
Wächst im März auf den Allmenden.

Naturhistorisches / 2

Was du weißt, was du fühlst: Taxonomie und Ergriffenheit
anhand toter Natur. Kunst oder Wissenschaft, du schwankst.

Als Kleist Rom in Berlin besichtigte, fand er den Rand der Illusion
das Interessanteste, was die Ewigkeit zu bieten hatte.

Rom, Berlin, Bern neunzehnhundertdreiundvierzig. Als Kind
jagte dir das Heimatmuseum einen Schrecken ein,

den du nicht vergisst. Ein ganzes Land im Rudel der Wölfe,
in den Angstaugen des Hasen. Woran dachtest du damals?

Ideologie, denkst du jetzt und schwankst. Halt fest,
was du für das Eigene hältst, stabilisier es.

Kunsthistorisches / 1

Als Hodler die Eidgenossen in Marignano malte, malte er
im Steinbruch Ostermundigen harte, bittere Männer mit Bart.

Er malte sie mit blutigen Köpfen und abgeschlagenen Beinen
oder tot. Kunst und Krieg, Modell und Soldat.

Wen malte Walthard, selbst vergessen, am Abend nach dem Treffen
von Neuenegg? Einen Liegenden ohne Landschaft,

das Bild des soldatischen Unbekannten. Sein Vater wird ihn holen.
Er schläft ja nur, stellt sich schlafend.

Wo liegt eine Landschaft ohne Tode, deponiert im Landesmuseum:
Kunst und Krieg, Erinnern und Entfallen.

Die Verwaltung / 1 ff.

1

Bern: Worauf beruht die Liebe
der Verwaltung zu den Bergen?

Versprengtes Heer der Sorge,
wie still es bei euch immer ist.

Wie in Arztpraxen für geheime
Angelegenheiten oder in Ämtern

ohne Aufgabe. Hängt eure Taten,
Helden, neben den ewigen Klee.

2

Großer St. Bernhard: Schien dir denn,
Schnee liege im Inneren eines Bergs?

Dachtest du an schwarzes Weiß
aus Asphalt, oder welches Regime

ergriff am Außenposten dich und
dein nach Süden schlitterndes Habenichts?

Die Architektur Europas in Jahreszeiten,
den Kreuzen fehlte ein Balken.

3

Straßburg: Schlagbäume in Kreuzlingen,
spanische Reiter in Straßburg, ohne Grenzen

sei, ohne Nation, deine arrival city, sagten sie
zwischen Wasserwerfern oder literweise

Vittel. Verzweiflung hieß das Gefühl,
vor dem du davonfuhrst, und Glas und die Place

de la Gare schrieben sich in dein SIS ein.
Weg, als dich die Securitas fragte, wohin.

4

Brüssel: Sicher Sonnenschein
im Jubelpark, Wonne der Halbeliten,

wie Wasserwege, fallende Bergbäche,
städtische Topographie

einer vertraglichen Zukunft.
Die Heiteren Europas suchen

das Glück in der Idylle von
bürokratischen Naturmonumenten.

5

Dann, Sonntagnacht, kam einmal der Moment,
zu schnell am Checkpoint vorbei zu fahren,

ins Leere militärisches Grüßen übend
und mit einem Lachen, das du den anderen

Realisten nicht erklären konntest.
Wenige 100 Meter weiter gerietet ihr doch

in Verdacht einer absichtslosen Ausdehnung,
Sekunden entschieden über links oder rechts: Berlin.

Lorraine / 1

Als bestünde die Nacht
aus Eisen und Stahl,

als schlüge sie die Stunden
nach einem geheimen Plan.

Wie lange du zuhörst, wie langsam sie fahren.

Schwarze Behälter mit
Schwarz und rollendem Lärm,

der dich aus keinem Schlaf
scheucht, sondern dorthin führt,

wo Gedanken Güter sind, Arbeit: harter Traum.

0:00

Flimmern war wohl nicht das richtige Wort
für diesen Sturz nach innen oder wohin,
nach draußen, in eine Nacht ohne Licht,
ganz ohne, deine Tischlampe hielt dich

und den Bildschirm leuchtend, durch dich,
du dehntest dich aus, du schwandst und
wusstest nicht, wo bin ich, wo bin ich hin,
wo werde ich mich finden, denn ein Ort

war das nicht mehr, und ein Wort dafür
fehlte dir auch, du dachtest nicht nach,
Flackern, der letzten Kraft wegen, Flackern.

Inhalt